AF247133

NOTICE

SUR

MARIE KAÏSALE,

JEUNE NÉGRESSE,

Décédée le 2 septembre 1858 (âgée d'environ 17 ans),

Dans le Monastère de la Visitation Ste-Marie de Bourg-en-Bresse.

❦

BOURG,

IMPRIMERIE DE FRÉDÉRIC DUFOUR.

1861.

Que le Dieu d'Israël est bon à ceux qui ont le cœur droit !
Je chanterai éternellement les miséricordes du Seigneur !

Ces deux versets des psaumes peuvent également s'appliquer à notre chère enfant et servir de texte à cet abrégé de vie.

C'est à la droiture de son cœur qu'elle a dû sans doute les libéralités des divines miséricordes qui ont éclaté dans cette âme d'une manière admirable, et fait naître en elle les plus vifs sentiments de reconnaissance.

Ce fut le jour de la fête de l'Immaculée Conception que le digne M. Olivieri, si admirablement dévoué à l'œuvre du rachat des jeunes négresses, nous amena, sur la demande de notre très-honorée Mère Marie-Julie, alors en charge, deux petites Africaines, dont la plus âgée nommée Kaïsale, est le sujet de cette notice.

Dès la première entrevue, la bonne Kaïsale nous révéla son caractère ardent, son cœur sensible et reconnaissant. Expansive, affectueuse envers toutes les Sœurs, dont notre Mère s'était fait accompagner au parloir, elle se montrait empressée à satisfaire de son mieux aux diverses questions qu'on lui adressait. Elle ne savait parler ni entendre le français; mais son intelligence suppléait à la connaissance de

notre langue; elle devinait le sens de nos paroles et trouvait
des moyens ingénieux pour faire comprendre ce qu'elle voulait répondre. Après quelques moments passés au parloir
avec leur digne Protecteur, elles furent admises dans l'intérieur et conduites d'abord dans une des chambres de l'infirmerie. Là, elles furent tout heureuses de trouver un bon
feu et des aliments qu'on savait être de leur goût. Joséphine,
celle que nous avons conservée, paraissait la plus faible; elle
relevait de maladie et était encore convalescente. Kaïsale
montrait une constitution plus forte, mais en réalité elle
était d'un tempérament faible, et chez elle le système ner-
veux était d'une excessive délicatesse. Peu de jours après
son arrivée, se déclara une irritation de poitrine : elle tous-
sait beaucoup, rejetait souvent les aliments qu'elle avait
pris. Elle subit dès-lors une véritable maladie qui la retint
au lit durant plusieurs semaines. M. notre médecin la soi-
gna avec beaucoup d'intérêt et reconnut dans sa conforma-
tion une tendance au mal qui nous l'a ravie. Une grande
étroitesse de poitrine, dont on ne se serait pas douté en la
voyant sur pied, gênait le jeu des poumons et la rendait
sujette à éprouver de l'oppression à la moindre fatigue.

Le docteur prescrivit une application de sangsues et un
vésicatoire, toutes choses dont l'usage était complétement in-
connu à notre pauvre enfant et qui lui causèrent une grande
appréhension. A cette occasion, nous fûmes déjà dans le cas
de reconnaître la bonté de son cœur et la délicatesse de ses
sentiments. La seule vue des sangsues causait à Kaïsale une
étrange frayeur; mais, quand il fut question de les lui appliquer, ce fut bien autre chose ! pauvre petite, elle pleu-
rait, poussait des cris déchirants, donnait toutes les marques
d'un effroi incroyable ! C'était à l'estomac qu'elles devaient
être posées et pour comprendre les cruelles angoisses de la
jeune malade, il faut savoir l'idée qu'elle avait alors et
qu'elle nous a fait connaître plus tard. Elle croyait que ces
vilaines petites bêtes devaient s'introduire dans l'estomac pour

y ôter le mal dont on voulait la guérir. On peut imaginer avec quelle désespérante frayeur cette bonne petite voyait approcher les instruments de son supplice ; elle tremblait de tous ses membres et ne pouvait se résoudre à cette redoutable application. Elle n'entendait pas assez la langue pour comprendre ce qui aurait pu la rassurer et la tranquilliser. Notre très-honorée Mère Marie-Julie et nous employâmes tous les moyens pour la déterminer à se laisser mettre les *petites bêtes noires* ; nous lui montrâmes divers objets qui devaient lui faire plaisir, lui promettant de les lui donner si elle consentait à l'application prescrite. Sa frayeur était trop grande. A bout de ressources, nous lui dîmes : « Kaïsale, vous faire bien plaisir à notre Mère et à nous, si laissez mettre *petites bêtes*. » Alors cette enfant bien-aimée puisa dans son cœur la force de surmonter l'horreur qu'elle ressentait et laissa faire, non toutefois sans pleurer et jeter les hauts cris.

Kaïsale avait des qualités précieuses ; mais, à côté des qualités, existaient des défauts. Son extrême sensibilité allait jusqu'à la susceptibilité ; son humeur était inégale, variable ; elle était portée au murmure lorsque sa volonté ou ses idées se trouvaient contrariées. Mais, par sa fidélité à seconder l'action de la grâce, elle parvint à la faire régner sur la nature, et ses défauts lui servirent d'échelons pour arriver à un degré de vertu qui, dans les derniers temps de sa trop courte vie, excitait notre admiration. Notre chère enfant trouva dans son extrême sensibilité, soit au physique, soit au moral, une source de mérites, parce qu'elle fut pour elle une source de sacrifices.

Ses bonnes qualités se révélèrent par divers petits traits dès les commencements de leur arrivée parmi nous ; en voici quelques-uns. Après avoir reçu Kaïsale et sa compagne, on s'était occupé de leur faire confectionner des vêtements adaptés à leur taille, et plus convenables que ceux qu'elles avaient. Un bonnet de velours noir tout neuf fut donné à

Kaïsale; il était orné d'une cocarde de petits rubans de satin,
d'une couleur assez éclatante. Sa compagne Choune en reçut
un qui avait été porté et dont les rubans étaient moins frais
et d'une couleur moins agréable; celle-ci ne fut point satisfaite de se trouver ainsi moins bien partagée que Kaïsale.
Les jolis rubans lilas du bonnet de sa compagne excitaient
son envie; elle ne manqua pas de faire comprendre qu'elle
aimait bien mieux ces rubans que les siens. Notre bonne
Kaïsale vint nous dire aussitôt : « Choune trouve plus jolis
» rubans à moi, donnez à elle, moi contente de lui faire
» plaisir. » Ce qui fut accepté, et jamais Kaïsale ne témoigna aucun regret de cet échange.

Par un contraste singulier, cette chère enfant, quoique
douée d'un esprit juste et de beaucoup de sagacité, n'avait
néanmoins nulle aptitude pour apprendre; ce ne fut qu'avec
une très-grande peine qu'on parvint, après un long temps,
à lui enseigner la lecture. Ses efforts pour écrire correctement furent constamment stériles. Après plusieurs mois de
leçons répétées chaque jour, elle ne pouvait encore dénom-
mer les lettres de l'alphabet. Un moment elle savait les distinguer, un moment après elle ne le savait plus. Un soir que
nous la faisions lire, nous lui dîmes : « Kaïsale, il faut absolument qu'avant d'aller vous coucher vous sachiez lire l'alphabet. » La pauvre enfant n'en put venir à bout, force fut
d'abandonner la tâche pour ce jour là. Nous nous disposions
donc à nous coucher; mais Kaïsale avait retenu ce que nous
lui avions dit ; sans humeur, elle se mit en devoir de nous
rendre les petits services que nous recevions d'elle ordinai-
rement; elle dispose en ordre dans la chambre les objets
déplacés, puis va s'asseoir à côté de son lit, sur un petit
siége, pour y passer la nuit. Pauvre enfant, elle croyait
qu'elle ne devait point se coucher puisqu'elle n'avait pas su
lire l'alphabet. Cet acte de soumission sans réplique nous
toucha d'autant plus que nous étions alors au cœur de l'hi-
ver, et que la bonne petite aurait eu bien à souffrir du froid.

Nous nous serions bien gardées de lui laisser passer la nuit hors de son lit.

Sa reconnaissance envers Dieu pour le bienfait de la foi dès ces commencements se faisait remarquer par de vives effusions d'actions de grâces. Un matin, à son réveil, nous l'entendîmes s'écrier avec transport : « Oh que Dieu bon! » moi ici; lui m'a amenée pour que je le connaisse; moi » dans mon pays lui demandais de se faire connaître à moi. » Oh! merci, mon Dieu! vous avez écouté ma demande. » Il y avait dans sa voix un accent de tendresse et de gratitude envers Dieu, dont le cœur se sentait tout ému. Cette chère enfant nous disait dès-lors ce que nous lui entendîmes répéter quelques heures avant sa mort, « que la nature, les œuvres de la création lui faisaient deviner l'existence d'un premier principe. » Elle ignorait le nom de cet Etre qu'elle désirait connaître et vers lequel son âme droite se sentait attirée. Quelquefois, disait-elle, je me demandais :

« D'où viens-je? où vais-je? Qui donc m'a placée sur cette » terre? Quand je disais un mensonge ou que je faisais » une autre sottise, quelque chose me disait dans moi que » ce n'était pas bien. J'éprouvais de la honte de mes fautes, » quoiqu'elles ne fussent pas connues, et je promettais à » cette voix intérieure qui me grondait que je n'en refe- » rais plus, mais je manquais bien quelquefois à mes pro- » messes. »

La foi, l'espérance et la charité, vertus célestes que le sacrement du baptême infuse dans l'âme avaient été accordées par anticipation à notre bonne Kaïsale, encore simple catéchumène. Un soir, survint un violent orage; le tonnerre roulait avec fracas; des éclairs multipliés déchiraient les nues, projetant dans les chambres leurs sinistres clartés. Kaïsale, naturellement peureuse, se pâmait de frayeur et n'osait se coucher; nous l'y invitions; elle aurait voulu obéir, mais la peur restait maîtresse. Soudain jaillit dans son esprit une pensée tranquillisante; elle se trouve toute rassurée contre les atteintes de la foudre par cette réflexion : « Moi pas baptisée, Bon Dieu m'a amenée ici pour me faire chrétienne ; non, il ne me fera pas mourir avant que moi aie reçu baptême. » Plus de crainte ; elle se met au lit, fait sur elle un signe de croix solennel, prononçant les paroles avec un accent tout imprégné de foi et dit après cette dévote action : « Bon Dieu veille sur moi, je viens de me recommander à lui, je vais dormir ; » et il en fut ainsi : un paisible sommeil arriva bientôt.

Toutes les fois qu'elle craignait ou désirait quelque chose, le Bon Dieu était son refuge : c'était à lui qu'elle recourait par la prière.

De cet amour et de cette reconnaissance envers Dieu naissait la crainte de l'offenser. En certaines occasions où les attraits et les penchants de la nature l'entraînaient fortement, s'il lui venait en pensée que peut-être telle action ou telle chose n'était pas bien, elle demandait avant de passer outre : « Est-ce que Bon Dieu pas vouloir cela ? » Si la réponse était négative, elle disait : « Et bien moi ne ferai pas, non, pas offenser le Bon Dieu. »

Dans sa simplicité naïve, elle s'était persuadée qu'en un pays où Dieu est connu et adoré il intervenait directement dans les choses les plus ordinaires de la vie. Lorsque, par exemple, on lui enseigna les premiers éléments de la langue française, elle demanda : « Est-ce Bon Dieu qui a fait ces règles que vous dites ; » et sur la réponse qui lui fut donnée, elle répartit : « Puisque ce n'est pas le Bon Dieu qui a » dit cela, tant mieux, je n'ai pas à me mettre en peine de » retenir toutes ces choses. » Quoique douée d'un esprit juste et pénétrant, notre chère enfant, ainsi que nous l'avons dit précédemment, n'avait pas d'aptitude pour la science ; elle n'apprenait par cœur qu'avec une grande difficulté, bien que sa mémoire sous d'autres rapports se montrât sûre et fidèle. Elle n'apprit jamais à parler correctement la langue française et ne s'en mit guère en peine ; elle voyait que son gentil baragouinage amusait et son bon cœur se faisait un plaisir de prêter ainsi à rire. Cependant parfois il arrivait bien que son amour-propre s'en trouvât un peu mortifié ; mais son bon caractère ne tardait pas à dominer sur ce sentiment. L'écorchement qu'elle faisait subir aux mots dont elle se servait présentait quelquefois un sens fort plaisant. Il lui arrivait de dire *pontifement* pour positivement. Racontant un jour un fait dont elle avait été témoin, elle nous disait : « M. un tel a menacé telle personne de lui donner des coups de canon (elle voulait dire des coups de canne). Cependant, vers les derniers temps de sa vie, entendant reprendre sa compagne d'une faute de français qu'elle faisait en parlant, elle nous dit avec une bonhomie charmante : « Vous reprenez bien Joséphine et moi vous me laissez parler mal tant que je veux. » — C'est que, ma chère enfant, vous vous êtes fait un langage très-amusant qu'on aime à entendre et il ne vous empêchera pas d'aller au Ciel.

Quand on lui enseigna quelques notions du savoir-vivre français, mêmes questions se renouvelèrent : « Est-ce Bon » Dieu qui a dit qu'il faut qu'on fasse les choses de cette « manière ? » Mais ici la délicatesse de ses sentiments la prédisposait admirablement aux formes et aux actes de la politesse. Dès les commencements de son entrée en notre Monastère, les personnes du dehors qui furent dans le cas de la voir au parloir, s'étonnèrent de la civilité de ses manières, du ton poli qu'on remarquait dans ses paroles. Ces heureuses dispositions se développèrent de plus en plus sous l'influence de l'éducation et au souffle de la charité chrétienne.

Huit mois environ après leur entrée dans la maison, on jugea que l'instruction religieuse de nos jeunes négresses était suffisante pour qu'elles pussent être admises au Sacrement de baptême. Nos chères enfants désiraient vivement la grâce d'être introduites dans le sein de l'Eglise et arrachées à l'empire de Satan. Le 18 du mois d'Août de l'année 1851 fut fixé pour le jour de la cérémonie du baptême. Mgr Devie, de précieuse et sainte mémoire, eût prêté avec grande consolation son auguste ministère à cette touchante cérémonie : c'était son désir, mais il ne pouvait se transporter à Bourg au jour marqué et nous tenions à ce que nos demoiselles pensionnaires assistassent à cette cérémonie religieuse dont le spectacle pouvait faire dans leurs âmes de salutaires impressions.

La cérémonie s'ouvrit vers 8 heures du matin. Les principales autorités locales l'honorèrent de leur présence ainsi que quelques personnes distinguées par leur rang et par leur piété. Les deux néophites se présentèrent vêtues d'un riche costume arabe ; leur maintien avait une dignité modeste ; en les voyant paraître, tous les assistants se montrèrent émus par le sentiment d'un vif et bienveillant intérêt ; tous les yeux se dirigèrent sur les jeunes élues du Seigneur dont la modestie et le recueillement ne se démentirent pas un instant. Dès que les néophites parurent, les élèves entonnèrent le psaume *Lœtatus sum* qui fut chanté par elles en musique.

Le ministre de la cérémonie était le vénérable curé de la paroisse, M. Huet, frère de la marraine de Kaïsale. Les deux néophites, accompagnées de leurs parrains et de leurs marraines, se rendirent près d'une des portes d'entrée, et là, M. le curé leur adressa les questions marquées dans le rituel pour l'administration du baptême aux adultes. Kaïsale, quoique très timide, répondit avec une fermeté et une assurance qui semblaient provenir plus des dispositions de son âme que de la sûreté de sa mémoire. En entendant le ton et l'accent qu'elle mettait dans ses réponses, on sentait qu'elle pénétrait le sens des paroles qu'elle prononçait.

M. le curé, avant de leur administrer le sacrement régénérateur qui devait leur donner le titre de chrétiennes et les faire enfants de Dieu et de l'Eglise, prononça une allocution analogue à la circonstance. La pensée qui le dominait et l'émotionnait vivement, c'était le choix de ces deux âmes qui, par une singulière élection, avaient été préférées à tant d'autres pour recevoir le don de la foi et les bienfaits de la loi évangélique. Son attendrissement, sa vive émotion éteignit un instant sa voix dans ses larmes et laissa son petit auditoire en suspens; puis, par un effort sur lui-même, retrouvant la liberté de sa parole il proclama hautement les miséricordes du Seigneur envers les deux néophites sorties comme par miracle des ombres de la mort. L'émotion du pieux et vénéré pasteur fut partagée par tous les assistants, et des larmes d'attendrissement coulèrent dans l'auditoire.

Après que l'eau régénératrice eût coulé sur leur jeune front, et que leur âme purifiée de la tache originelle eût revêtu la blancheur et l'éclat de l'innocence baptismale, elles se rendirent à la sacristie où les deux marraines les dépouillèrent de leur costume arabe pour les revêtir du vêtement blanc des nouveaux baptisés. Un long voile de tulle blanc couvrait leur tête et descendait par derrière jusqu'aux pieds, et une couronne de roses blanches complétait ce vêtement symbolique. Pendant ce changement de costume on chantait dans le chœur des cantiques analogues à la cérémonie et composés exprès pour la circonstance.

Dans leur nouveau costume elles se rendirent au pied d'un autel de la Ste-Vierge qui avait été orné comme au jour des grandes fêtes, et là, Choune, la plus jeune, portant depuis son baptême le nom de Joséphine, prononça une consécration à Marie qui impressionna vivement les personnes présentes. Sa voix émue avait quelque chose de suave, son accentuation une originalité piquante et qui allait au cœur. Dans cette consécration faite au nom de toutes deux, elle suppliait l'auguste Vierge qui les recevait pour ses enfants d'abriter sous sa protection maternelle leur innocence baptismale et de la conserver toujours pure et intacte. Nous avons la douce persuasion que ce vœu s'est accompli pour notre bonne et pieuse Marie; elle aura pu présenter au souverain Juge sa robe d'innocence dans tout son éclat.

La cérémonie se termina par la célébration du saint Sacrifice de la Messe, la bénédiction du saint Sacrement et le chant du *Laudate*. Les nouvelles enfants de l'Eglise, heureuses de la grâce qui leur avait été accordée, se réjouissaient de leur bonheur, et notre bonne Marie, dans son langage naïf disait : « plus de tache dans l'âme, âme bien belle à » présent, plus jamais la salir. »

Un conseiller de Préfecture qui avait assisté à la touchante cérémonie fit paraître dans le *Courrier de l'Ain* un article où il dépeignit les émotions pieuses qu'avait éveillées dans les âmes ce spectacle religieux et l'impression profonde sous laquelle s'était trouvée toute l'assemblée.

Un descendant de notre Mère de Blonay, de si douce et sainte mémoire, se trouvait à Bourg ce jour là et fut témoin de ce baptême.

Notre bonne Marie conçut dès lors une vive et affectueuse reconnaissance pour le digne pasteur dont le saint ministère l'avait introduite dans le sein de l'Eglise, ainsi que pour Mlle Huet sa sœur, son excellente marraine, et ce sentiment, loin de s'affaiblir avec le temps, devint de plus en plus profond et intime.

Marie, ainsi que Joséphine, avaient à se préparer à la première communion ; Marie, plus âgée, beaucoup plus raisonnable que sa compagne fut admise au banquet eucharistique deux ans plus tôt. Son défaut de mémoire pour apprendre par cœur ne lui permettait pas de savoir très-bien la lettre de son catéchisme ; mais elle le savait par le cœur et par l'intelligence, par le cœur surtout : ses réponses aux différentes questions qui lui étaient adressées montraient déjà ce que nous avons vu plus tard, d'une manière si frappante, combien est vrai ce que Dieu dit par la bouche d'Isaïe aux âmes élues et à ses serviteurs : « *c'est moi le Seigneur ton Dieu qui t'enseigne.* »

Les réflexions de ces chères enfants, pendant qu'on leur faisait le catéchisme, leur étaient toutes particulières et parfois bien amusantes. Lorsqu'on lui expliqua le chapitre qui définit Dieu un pur Esprit qui ne peut tomber sous les sens, Kaïsale exprimait son étonnement en disant à M. l'aumônier : « Mais comment bon Dieu peut voir sans yeux, entendre sans oreilles? difficile à comprendre. » Quand on lui dit que Dieu est Éternel et qu'il avait existé avant que le ciel et la terre fussent créés, elle demandait très curieusement : « Où donc bon Dieu se tenait-il, quand point de ciel ; alors il restait comme petit oiseau ? » Et de ses mains, imitant le battement des ailes d'un oiseau, elle cherchait à faire comprendre son idée de suspension dans le vide. Joséphine, frappée à son tour de l'incompréhensible éternité de Dieu, demandait à son tour d'un ton très curieux : « Est-ce que le bon Dieu n'a fait à personne son histoire ? »

L'excellent M. Josserand demandait un jour à Kaïsale si le bon Dieu pouvait tomber sous nos sens ? — Quand on est bien sage il vient quelquefois, lui dit-elle, montrer *son* figure.—Est-ce vous ma sœur, répartit M. l'aumônier, s'adressant à sa maîtresse, qui avez enseigné cela à Kaïsale ?—Il peut se faire, lui répondit-elle, que nous ayons raconté à cette chère enfant des apparitions de Notre Seigneur à quelques saintes, et c'est probablement à quoi fait allusion la réponse de Kaïsale. Une autre fois M. Josserand lui montrant un crucifix, lui dit : n'est-ce pas là le bon Dieu, Kaïsale ? — Ce n'est pas lui-même, c'est *sa portraite*. — Mais vous dites que le bon Dieu ne peut pas tomber sous nos sens ?—Le bon Dieu, la seconde personne de la sainte Trinité, s'est fait homme, et nous pouvons voir *sa portraite*.

M. l'aumônier trouvait un charme délicieux dans la naïveté de ces enfants et nous disait : je me délecte avec ces petites négresses : ici rien n'est fardé, c'est la nature dans sa simplicité native.

A une humeur enjouée, à un caractère jovial, amie des

plaisirs innocents, Marie joignait cependant un esprit grave et sérieux qui ne lui faisait jamais défaut quand il s'agissait de choses importantes ; aussi se préparait-elle avec soin à la grande action de sa première communion qu'elle fit avec cette foi qui était un des traits distinctifs de sa belle âme.

Après sa première communion, Marie continua à être employée en divers offices de la maison selon son aptitude ; partout elle savait se faire aimer des personnes avec lesquelles elle se trouvait en rapport ; il n'en est pas une qui n'ait gardé de cette bonne enfant le plus doux et le plus cher souvenir.

Nous ferons connaître ici ce que notre chère Kaïsale nous apprit en différentes occasions des premières années de sa courte existence. Avant même de pouvoir bégayer le français, elle cherchait déjà à nous faire comprendre qu'elle avait été enlevée à sa mère ; elle suppléait par une action dramatique au défaut de la parole : elle marchait sur la pointe des pieds lorsqu'elle voulait représenter les précautions que son cruel ravisseur avait employées pour n'être pas entendu, ni aperçu, etc. Et nous admirions comme elle était ingénieuse à traduire par l'action ce qu'elle voulait faire comprendre. Mais lorsqu'elle put s'exprimer en notre langue elle nous expliqua plus clairement ses malheurs. « Un jour, nous disait-elle, que ma mère était absente et que j'étais seule à la maison, un homme vint et me demanda où était ma mère : je lui dis qu'elle était allée chercher de l'eau ; alors il voulut me prendre et m'emmener. Il me promettait de bonnes choses, mais je compris bien que c'était un voleur qui voulait me prendre pour me vendre ; j'eus beau résister, il me mit dans un sac fait d'une peau de mouton et me menaça de me tuer si je criais ; il avait un grand couteau à la main. Il m'emmena dans une maison où il y avait d'autres négresses que ce vilain homme avait aussi, je pense, volées comme moi pour les vendre à un autre méchant homme qui faisait trafic des négresses. Mais ma mère pût découvrir l'endroit où l'on m'avait emmenée ; elle vint pendant la nuit, coupa la corde qui m'attachait et prit la fuite, courant de toutes ses forces m'entraînant après elle. »

Une nouvelle tentative laissa cette mère infortunée privée sans retour de son enfant chérie. Le ravisseur qui était, autant que je puis me le rappeler, le même homme, prit cette seconde fois toutes les mesures possibles pour que sa proie ne pût échapper à sa cruelle cupidité. C'est souvent par des voies mystérieuses et couvertes d'épines que Dieu se plaît à guider ses élus vers le bonheur. Lorsque plus tard Kaïsale se rappelait ces souvenirs elle disait : « Moi pas comprendre » alors ce que bon Dieu voulait faire, je me trouvais bien » malheureuse, et c'est de mon malheur que Dieu a fait » sortir mon bonheur. »

Lorsque Kaïsale arriva aux mains de M. Olivieri, son cher bienfaiteur, elle avait déjà appartenu successivement, quoique bien jeune encore (elle pouvait avoir 11 à 12 ans), à trois ou quatre maîtres. Elle comptait au nombre des bontés du Seigneur à son égard de n'en avoir pas rencontré de trop méchants. Jusqu'à la fin de sa vie, elle se rappelait avec attendrissement la bonté d'une femme âgée, mère de l'un des maîtres à qui elle avait appartenu, et qui demeurait dans la maison de son fils. « Quand j'avais fait quelque sottise, disait notre chère enfant, et que mon maître voulait me frapper, vite cette bonne femme accourait et se plaçait entre son fils et moi et lui disait : tu me frapperas avant d'arriver à cette enfant. J'étais très peureuse ; souvent pendant la nuit j'avais grande frayeur des lions et d'autres bêtes méchantes qui rôdent autour des maisons pendant la nuit ; alors cette bonne dame venait me chercher et tout doucement me menait coucher avec elle. Ah ! que je voudrais, ajoutait-elle, que le bon Dieu lui accordât aussi la grâce de le connaître ! »

Dieu, qui s'était choisi cette âme, la couvrait de son égide paternelle, et par une direction secrète l'acheminait vers le port du salut. Le dernier maître auquel elle appartint était un militaire d'un grade élevé ; il possédait nombre d'esclaves nègres et négresses. Cet homme, d'un caractère dur, intimidait la bonne Kaïsale lorsqu'elle paraissait en sa présence pour lui rendre quelque service ; elle montrait un air timide et embarrassé que son maître attribuait peut-être à un défaut d'intelligence, tandis qu'il n'était que l'effet de la crainte qu'elle éprouvait. Kaïsale avait de la grâce et de l'aisance dans tout ce qu'elle faisait, et son intelligence ingénieuse savait lui offrir des ressources particulières au besoin, mais tout cela restait inaperçu sous l'impression d'un sentiment de crainte : il fallait qu'elle fût parfaitement à son aise pour se montrer dans son naturel. Ce maître, se trouvant une fois absent de sa maison, apprit qu'une caravane de nègres et de négresses devait partir pour être vendue à Alexandrie ; en conséquence, il envoya l'ordre à sa femme de faire partir la douce Kaïsale dans cette caravane.

« Ma maîtresse, nous disait-elle dans sa charmante simplicité, eut bien du chagrin en recevant cet ordre, je la vis pleurer ; elle s'était attachée à moi ; ainsi que son petit garçon qui était bien gentil. De si loin qu'il me voyait venir il accourait auprès de moi ; il m'appelait Kaïsale, ah ! voilà Kaïsale ! et il était tout joyeux de me revoir. Lui aussi il pleura beaucoup quand il sut que j'allais le quitter. Mais en ce pays où la femme est esclave de la volonté despotique du mari, il n'y avait pas de réclamations à faire, il fallut obéir. »

Arrivée à Alexandrie après un long et pénible voyage, sa santé se trouva dérangée : ce fut pour son bonheur. Elle avait craint de tomber au pouvoir d'un Turc, et c'est justement ce qui lui arriva, mais Dieu veillait sur elle. « Ce Turc, nous disait-elle, paraissait bien riche ; tout chez lui était beau ; il avait plusieurs domestiques et je trouvai là une négresse beaucoup plus âgée que moi au service de ce nouveau maître. Il me fit mettre un beau costume à la mode turque : j'avais de jolis pantalons blancs, un turban et des vêtements de couleurs éclatantes, mais quelque chose au-dedans de moi me faisait espérer que je ne resterais pas là. Ce maître cependant était bon. Comme j'étais malade et que je ne pouvais manger, il disait à la négresse de m'acheter ce qui me ferait plaisir. La négresse me fit du pain à la façon de mon pays parceque je ne pouvais pas manger le pain d'Alexandrie qui est à peu près comme le pain français; mes dents n'étaient pas habituées à du pain dûr comme celui-là. Mais rien n'y fit, j'étais toujours malade et je rejetais tout ce que je mangeais. Au bout de quelques jours, voyant que je n'allais pas mieux, il fit venir un médecin, je pense; c'était un grand homme bien habillé, il me fit étendre sur une table et me toucha en différentes parties du corps. Je ne sais pas ce qu'il dit au Turc, mais celui-ci fit demander l'homme de qui il m'avait achetée, et je retournai avec lui. »

Les desseins de miséricorde du Seigneur sur cette enfant bénie allaient s'accomplir : le digne prêtre qui devait servir d'instrument à la bonté divine était là. L'homme barbare qui avait à sa disposition cette innocente enfant, dans la crainte que le dérangement de sa santé n'apportât un obstacle à sa cupide spéculation, lui avait défendu en accompagnant de dûres menaces sa défense, de dire qu'elle fût malade à ceux qui se présenteraient pour l'acheter. Mais le généreux bienfaiteur qui devait l'arracher au double esclavage qui pesait sur son existence préférait le plus souvent les faibles et les malades. Il connut le triste état de Kaïsale et l'acheta. Choune, compagne de Kaïsale, et qui lui a survécu, dût aussi à son état mourant d'être choisie par le digne abbé Oliviéri. Il ne songeait presque en l'achetant qu'à lui procurer la grâce du saint baptême tant le mal paraissait grave. Les bons soins de cet admirable protecteur la rappelèrent à la vie et c'est dans notre monastère qu'elle devait recevoir solennellement le Sacrement de baptême avec la bonne Kaïsale, admirable conduite de la divine Providence sur ces deux enfants.

Après l'exposé de ces faits antérieurs à leur entrée dans

notre Monastère, mais que nous racontons ici, attendu que
c'est à peu près à l'époque de sa vie où nous nous trouvons
que Kaïsale nous les a racontés, nous reprenons notre récit
où nous l'avons laissé.

En 1855, l'année qui suivit celle de sa première communion, fut marquée pour notre chère enfant par un dou-
loureux sacrifice. Nous fûmes appelée à Venise par la
digne Mère Julie Cajetane, de Thiène, qui avait réclamé
avec instance une religieuse de notre Communauté pour
enseigner la langue française aux pensionnaires de ce Monastère. Nous appréhendions d'avoir à lui annoncer une
nouvelle qui briserait son cœur et nous l'appréhendions
d'autant plus, que pour des raisons particulières, nous de-
vions emmener avec nous Joséphine, sa compagne. Cette
apparence de préférence inquiétait nos Sœurs; elles crai-
gnaient qu'elle ne fût pour Marie un sujet de peine; mais
nous qui connaissions plus particulièrement l'esprit si judi-
cieux de cette bonne enfant, nous la jugions capable d'apprécier les motifs qui nous faisaient agir ainsi; nous eûmes
la consolation de ne nous être pas trompées. Cette chère
enfant, non-seulement comprit parfaitement nos raisons
déterminantes, mais avec cet accent affectueux qui donnait
tant de charmes à ses paroles, elle nous disait souvent :
« Chère maman, ne vous tourmentez pas, je vous en prie,
» de ce que vous me laissez plutôt que Joséphine, je vous
» assure que je comprends bien vos raisons; ne vous faites
» pas une peine particulière de cela; votre cœur souffre
» déjà bien assez. »

Cette délicate et sensible enfant nous cachait ses larmes.
Pour ne pas nous attendrir davantage et jusqu'après notre
sortie du Monastère, elle sut imposer silence à sa douleur;
mais dès que nous ne pûmes plus être témoins de la mani-
festation des sentiments qui oppressaient son cœur, elle
les laissa éclater en sanglots, en exclamations, en élans
tendres et pitoyables. La vivacité de ses douloureuses émo-

tions détermina une crise nerveuse ; la pauvre enfant suffo-
quait ; on fut effrayé un moment ; il semblait qu'elle dût
étouffer. Etant un peu revenue à elle-même, sa piété la
porta à se jeter à genoux devant un tableau du Sacré-Cœur
qui se trouvait dans le cabinet de notre Mère, où elle
avait été conduite. Là, ainsi qu'un peu plus tard, au pied
d'un autel de la Sainte-Vierge, elle donna cours à ses larmes et répandit les angoisses de son âme ; elle s'exprima en
termes si pieux et si touchants que nos Sœurs, dans une
lettre qu'elles nous écrivirent après notre départ, nous di-
saient, dépeignant cette scène émouvante : « Nous renonçons
» à reproduire les paroles si expressives de notre bonne
» Marie offrant à Dieu le sacrifice qu'il lui demandait, nous
» les affaiblirions en voulant les répéter ; » elles ajoutaient
que cette pieuse enfant leur avait fait admirer la ferveur de
sa foi et l'énergie de son amour pour Dieu.

Le Seigneur, qui avait réservé à cette âme bénie des
grâces de choix, la préparait à les recevoir au prix de grands
sacrifices. Pendant notre absence, Marie eut encore la douleur de perdre sa digne marraine, Mlle Huet. La mort subite
et inattendue de cette respectable demoiselle fut pour sa
reconnaissante filleule comme un coup de foudre. Mlle Huet
était très-bonne pour Marie qui lui avait inspiré l'intérêt le
plus sincère, les plus tendres sympathies. Elle la faisait sortir de temps en temps, et Marie ne revenait jamais d'auprès
d'elle sans en rapporter quelques marques d'affectueuse bienveillance. La douleur immense que lui causa cette perte
fut, nous le croyons, funeste à sa santé. Tant que Marie
vécut, elle eut gravé au fond de son cœur le souvenir de
cette marraine bien-aimée ; elle en parlait souvent et toujours avec des larmes dans la voix.

Marie assista aux funérailles de la précieuse défunte et
portait un des coins du drap funéraire. Son digne frère et
vénéré Pasteur de la paroisse présida aux obsèques de sa
vertueuse sœur. Arrivé à son domicile pour faire la levée

du corps, son premier soin fut de chercher du regard Marie négresse, et, ne l'apercevant pas d'abord, il la demanda avec empressement. Elle était bien là, la pauvre enfant; ses yeux remplis de larmes rencontrèrent ceux du vénérable Pasteur, également mouillés de pleurs.

Une autre épreuve était encore réservée à notre pieuse enfant : il approchait le moment où Dieu devait la combler de ses plus rares faveurs; il fallait que l'épreuve l'y disposât. Une grave maladie mit longtemps en danger la vie du vénérable Curé auquel notre reconnaissante enfant avait voué les sentiments les plus tendres et les plus respectueux. Les douloureuses anxiétés qui agitèrent et déchirèrent son âme pendant le cours de cette maladie seraient difficiles à décrire. Elle ne vivait pas, elle ne faisait que souffrir et gémir.

A notre retour de Venise, elle nous raconta avec cet accent chaleureux qui part de l'âme ses anxiétés, ses espérances, l'ardeur de ses vœux pour obtenir la conservation de ce digne Pasteur. Dans ce récit se montrent d'une manière touchante la foi et la confiance en Dieu de cette pieuse enfant : « Oh! si vous saviez, chère Maîtresse, combien j'ai
» souffert pendant que M. le Curé était malade! On m'avait
» rapporté que trois médecins qui le traitaient avaient dit
» qu'il mourrait certainement de cette maladie. Moi je ré-
» pondis : trois médecins disent qu'il mourra, moi je veux
» avoir recours à des médecins plus puissants que ceux-là
» et qui ne le laisseront pas mourir. Je choisis alors pour
» médecins Jésus, Marie et Joseph et j'assurais que ces mé-
» decins-là nous le rendraient. Voyez-vous, je me tenais
» bien sûre qu'ils le guériraient, et vous voyez que je n'ai
» pas espéré en eux vainement. » N'est-ce pas là la foi simple et ferme à laquelle Dieu ne sait rien refuser?

Une sagesse bien au-dessus de son âge était un des traits distinctifs du caractère de cette chère enfant et frappait tout d'abord les personnes qui l'entendaient parler et la voyaient

agir. Une personne douée de beaucoup de tact dit un jour après avoir entendu Marie : « Mais cette enfant a la matu-
» rité d'esprit d'une personne de 50 ans. » On s'étonnait de la sûreté de son discernement dans les jugements qu'elle portait sur les personnes et sur les choses; son intelligence qui s'était refusée aux éléments de l'instruction la plus vulgaire avait une pénétration, une finesse d'observation qui eût pu avoir des inconvénients, si elle n'eût été accompagnée d'un bon esprit.

Cœur pur, âme droite, la lumière d'en haut y descendait sans obstacle. Pendant notre séjour à Venise, la santé de Marie éprouva une altération qui engagea notre excellente Mère à l'envoyer passer quelques semaines à la campagne chez une personne amie de la maison-espérant que l'air pur des champs pourrait avoir sur sa santé une heureuse influence. Là, comme partout ailleurs, Marie se concilia tous les cœurs, fit admirer sa modestie et l'esprit de sagesse que la grâce lui inspirait. Les habitants de ce village, l'ayant vue assister à la messe un dimanche, furent curieux de voir de plus près cette jeune négresse qui leur avait paru si pieuse et si modeste. Pour les satisfaire, la supérieure des religieuses de la Congrégation de St-Charles qui avait l'habitude de réunir après vêpres, dans une salle de leur établissement, toutes les personnes qui désiraient assister au catéchisme qu'elle y faisait, les convoqua ce jour-là pour entendre parler notre bonne Marie. Etrange fut la surprise de notre pauvre enfant et bien grand son trouble quand elle s'entendit inviter par la Mère supérieure à monter en chaire à sa place pour entretenir toutes les personnes présentes. J'aurais voulu, nous disait-elle, nous racontant ce fait, me refuser à cette invitation, et c'est bien ce que je fis d'abord; mais la supérieure insista; alors je me dis : « puisque cette Mère supérieure veut que je monte en chaire et que je parle, c'est que le bon Dieu le veut ainsi; il faut donc que je fasse sa volonté! Alors je m'abandonnai à ce que l'Esprit-Saint me

mettrait dans l'esprit de dire. » Cet Esprit, sur lequel notre
pieuse enfant avait compté, ne lui fit pas défaut. Elle parla,
quoique estropiant singulièrement le français, d'une manière
si touchante qu'on vit couler bien des larmes d'attendrissement. Elle s'en aperçut par l'usage fréquent qu'on faisait du
mouchoir de poche dans son auditoire, mais elle tint constamment les yeux baissés et presque fermés, car, nous disait-
elle : « j'aurais été incapable de parler si j'avais regardé tout
ce monde qui était là à m'écouter. »

Mais que put dire cette timide enfant n'ayant même en fait
de religion que des connaissances excessivement bornées et
incomplètes et sachant bien plus par le cœur que par l'esprit
le peu qu'elle savait ? Elle exprima sa reconnaissance pour
le don inestimable de la foi dont elle avait été favorisée par
une élection particulière ; laissant là-dessus parler son cœur
elle fit apprécier ce don précieux aux personnes qui comme
elle en avaient été gratifiées. Puis elle raconta dans son langage simple et naïf qui prêtait un charme piquant à sa parole
les malheurs des peuples plongés dans les ténèbres du paga-
nisme ; elle parla avec tout l'enthousiasme de sa jeune âme,
de la précieuse charité qu'on exerce en contribuant à
l'œuvre de la propagation de la foi. Elle dit tout cela, non
en faisant des raisonnements, mais en disant quelques pages
de sa propre histoire. Tout l'auditoire vivement ému eut
l'inspiration spontanée de faire une quête à laquelle chacun
s'empressa d'offrir son tribut. On voulait remettre entre les
mains du petit orateur cette collecte, mais avec ce tact qui
ne lui faisait pas défaut, Marie se refusa à la recevoir disant
qu'elle devait être remise à Mme la Supérieure au profit de
l'œuvre de la propagation de la foi. Cependant elle dut
accepter une pièce de 5 fr. qu'une personne lui remit en
mains lui disant: « je désire que cet argent soit pour vous.»

Plusieurs personnes qui faisaient partie de l'Association de
la Propagation de la Foi avaient négligé de payer leur coti-
sation; elles s'empressèrent, après avoir entendu cet orateur

d'un nouveau genre, d'apporter leur offrande à Mme la Supérieure de l'établissement ; quelques autres firent inscrire leurs noms sur le registre des associés, voulant participer à une œuvre qu'elles semblaient apprécier davantage.

Cette innocente et douce colombe rentra très volontiers dans l'arche Sainte, bien que son petit séjour à Foissiat ne lui eût offert que des jouissances. Une nouvelle preuve de la bonté de son cœur, c'est la joie vive qu'elle éprouva lorsque les caresses de notre bien-aimée Mère accueillirent son retour. Elle dit à une de nos sœurs : « Tout ce que j'ai eu de plaisir et de satisfaction à Foissiat ne m'a pas fait tant de bien que l'embrassement de notre Mère et les bonnes paroles qu'elle ma dites en me revoyant.

En 1856, le 2 février, fête de la Purification de la Ste-Vierge, notre chère Marie vit se réaliser un de ses plus chers désirs par son admission dans l'association des enfants de Marie établie dans notre pensionnat. Sa piété la portait à désirer vivement d'y être admise ; mais humble et modeste dans les sentiments qu'elle avait d'elle-même, elle n'osait exprimer son désir. Un jour cependant qu'elle en fut plus fortement pressée, elle se détermina à faire une démarche dans ce but auprès de notre bonne Mère alors déposée et directrice de l'association. Arrivée près d'elle, grand fut son embarras ; il lui semblait trop oser en exprimant formellement son désir. Elle essaya de le faire comprendre de diverses manières, mais dans le trouble que lui causait sa timidité, il lui était difficile d'énoncer rien d'assez clair pour être comprise. Notre chère sœur déposée voyait bien qu'il s'agissait d'une demande ; elle invitait Marie à l'exprimer ; mais la timide enfant ne répondait qu'en balbutiant d'une manière inintelligible. Mais alors ses yeux remplis de larmes fixèrent tendrement leurs regards sur une petite statue de la Ste-Vierge qui se trouvait dans la chambre, ce qui porta notre bonne Mère à lui adresser quelques questions qui la sortirent d'embarras en lui donnant l'occasion de faire connaître son désir auquel notre Mère souscrivit très volontiers.

Être enrôlée sous la bannière de Marie, porter le titre de son enfant, c'était pour ce cœur pieux un bonheur qui l'inondait de joie. Lorsque sa réception se fit dans le chœur avec les cérémonies ordinaires il lui semblait être dans le ciel plus que sur la terre. On donna à cette cérémonie toute la solennité dont elle pouvait être susceptible; les enfants de Marie du dehors prêtèrent à cette douce fête l'harmonie de leurs chants sacrés. Selon le cérémonial de cette réception après avoir reçu le ruban blanc, la médaille d'argent et le cordon blanc, insignes des enfants de Marie; elle devait prononcer une consécration à la Ste-Vierge; mais son émotion était si grande qu'elle se trouva sans voix pour en articuler les paroles : elle fut obligée de s'arrêter plusieurs fois et ne put aller jusqu'au bout.

Une autre consolation fut accordée à Marie. Elle fit un voyage à Ars auprès du saint curé dont la réputation attirait dans l'église de sa paroisse un si nombreux concours de pèlerins. Marie, en ayant entendu parler, avait un grand désir de le voir et de le consulter sur les désirs qu'elle nourrissait en son âme de retourner dans son pays pour faire connaître le bon Dieu à ses compatriotes. Son cœur si pieux et si ardent ne pouvait jouir des bienfaits de la foi chrétienne sans éprouver le besoin de les faire partager à tant d'âmes ensevelies dans les ombres de la mort. Accompagnée d'une pieuse demoiselle qui voulut bien lui procurer le plaisir de faire ce voyage, elle se présenta au saint homme qui l'accueillit avec un intérêt et une bienveillance des plus marquées. L'obligeante bonté de M. Taucanier, vicaire du vénérable curé, avait ménagé à Marie une entrevue à la sacristie avec le saint homme. La bienveillante demoiselle qui, dans cette occasion lui servait de Mentor, craignant que la timidité de cette chère enfant ne vînt à l'interdire en présence du digne curé, se tenait à la porte de la sacristie pour lui venir en aide s'il en eût été besoin, mais son entremise fut inutile ; Marie ne se trouva nullement embarrassée en présence du saint curé et s'entretint avec lui tout à son aise.

Marie, avant de quitter Ars, désira parler une seconde fois au saint curé ; elle avait oublié de lui dire plusieurs choses sur lesquelles elle tenait à le consulter ; mais le confessionnal du saint homme se trouvait environné d'une foule si nombreuse que la demoiselle qui accompagnait Marie lui conseilla de faire transmettre par M. Taucanier au saint curé ce qu'elle voulait encore lui dire. M. Taucanier fut émerveillé des sentiments que lui avait manifestés la jeune négresse, et il disait à la demoiselle en question : « Quelle enfant ! que de trésors de grâces Dieu a renfermés dans cette âme ! Sous cette enveloppe à la couleur noire brille toute la blancheur de l'innocence. »

Le saint curé eut pour cette chère enfant des bontés particulières ; il posa sa main sur sa tête et la bénit avec un sentiment marqué d'affectueuse bienveillance.

Une autre fois encore, pendant son séjour à Ars, Marie voulut s'approcher du saint homme ; la foule compacte qui remplissait l'église opposait à son désir un obstacle infranchissable. Le bon curé vint lui-même la chercher et lui faisait ouvrir un passage en disant : « Laissez passer cette enfant. »

A notre retour, elle nous raconta que le saint curé avait répondu, touchant son désir d'aller convertir ses compatriotes : « Demeurez bien tranquille dans la sainte maison que vous avez le bonheur d'habiter ; vous êtes trop jeune pour réaliser ce désir. »

Plus tard quand elle fut atteinte de la maladie qui l'a conduite au tombeau, elle nous disait : « Ah ! je comprends bien à présent pourquoi M. le curé d'Ars m'a tant parlé du ciel, et puis pourquoi il me disait : Mon enfant, rendez à la communauté tous les services dont vous pourrez être capable. Ces paroles me sont souvent revenues à l'esprit

en certaines circonstances et elles m'encourageaient beaucoup. »

En revenant de ce pèlerinage, Marie, toujours accompagnée de la respectable demoiselle à qui elle était redevable
de ce voyage, s'arrêta quelques jours dans la ville de Trévoux (Mlle P. avait habité cette ville pendant de longues
années, elle y était fort connue et estimée). Marie reçut des
connaissances de cette vertueuse demoiselle, un accueil
enchanteur, ainsi que de quelques familles de nos sœurs
parmi lesquelles nous devons distinguer M. Raffin, maire de
Trévoux et frère de notre excellente Mère, Mme Monin,
Mlle Collet et autres personnes eurent aussi pour elles les
bontés les plus aimables. La naïveté de son esprit, l'aménité
de ses manières prévenaient tout le monde en sa faveur. On
se disputait le plaisir de l'avoir à dîner et de la loger, et la
maison où elle allait se trouvait heureuse de la recevoir.
Il y avait bien là de quoi flatter l'amour-propre d'une
jeune enfant. C'est ce que craignait Mlle P., aussi cher-
cha-t-elle à connaître ce qui se passait dans le cœur de
Marie afin d'atténuer les effets fâcheux qui auraient pu résulter dans son âme des prévenances dont elle était l'objet.
« Oh ! Mademoiselle, répondit Marie aux questions de
» Mlle P., ne craignez pas que je me croie autre que ce que
» je suis à cause de tout ce que l'on fait pour moi ; je com-
» prends bien que c'est parceque je suis négresse et extra-
» ordinaire ici ; si je devais y demeurer toujours, les choses
» ne seraient plus comme ça. »

Et pendant sa maladie elle nous disait à nous-même :
« Je vous assure que ce petit voyage, où je n'ai eu cepen-
» dant que des jouissances, m'a fait comprendre mieux que
» je ne l'avais compris jusqu'alors combien il m'est avanta-
» geux de vivre dans la retraite. » Puis elle nous raconta
certaines circonstances où elle avait entrevu les dangers
qu'elle aurait rencontrés dans le monde et dont elle s'esti-
mait heureuse d'être préservée. Cependant sa reconnais-

sance n'oublia point les personnes qui l'avaient accueillie avec tant de bienveillance, elle se faisait un plaisir de nous entretenir souvent des bontés qu'on avait eues pour elle.

A notre retour de Venise nous trouvâmes cette chère enfant bien grandie ; mais la maladie de poitrine, qui déjà l'avait atteinte, se manifestait par un amaigrissement dont nous fûmes douloureusement frappée.

Son cœur si bon et si sensible nous était demeuré tendrement attaché ; notre retour la comblait de joie ; cependant, en me revoyant, elle montra un calme et une réserve dont nous pouvions nous étonner vu sa nature ardente. Plus tard elle nous en fit connaître le motif, bien que nous ne lui eussions fait aucune observation à cet égard. La délicatesse de ses sentiments avait cru voir dans une expansion de joie trop vive quelque chose de désobligeant pour les sœurs qui nous avaient remplacée auprès d'elle. « Vous avez dû » me trouver bien froide, ma chère maîtresse, nous dit-elle, » c'est qu'il me semblait qu'en laissant voir toute la joie » qui me transportait dans le cœur, je pouvais faire croire » que je n'avais pas été bien satisfaite des bonnes sœurs » qui avaient eu soin de moi. » Aussi ses premières paroles avaient-elles été des paroles de reconnaissance pour les bontés qu'on avait eues à son égard ; elle nous disait : « Vous pourrez bien remercier ma sœur telle et telle ; elles ont fait ceci et cela pour moi ; » nous racontant dans les plus menus détails tous les témoignages de bienveillance qu'on avait pu lui donner.

Avant de parler de la maladie de notre douce Marie nous rapporterons ici un trait remarquable d'obéissance qui eut lieu précisément à l'époque de sa vie où nous nous trouvons. Notre très-honorée Mère, avant notre retour de Venise, fit observer avec raison à Marie qu'il ne convenait plus à l'âge où elle était qu'elle continuât à nous donner le nom de maman. Cette abstention fût pour cette chère enfant la matière d'un sacrifice : ce nom répondait si bien aux sentiments de son cœur. Cependant, chose qui nous étonna singulièrement, malgré la force de l'habitude, il ne lui arriva pas une seule fois d'oublier la recommandation, aucune inadvertance ne ramena sur ses lèvres le nom aimé de son cœur. Mais pendant assez longtemps elle évita, en nous parlant, de nous donner aucune dénomination. Il lui en coûtait de prononcer pour la première fois le nom de maîtresse, elle en retardait le moment le plus possible. Il fallait cependant en venir là. Un jour qu'elle avait un oui ou un non à nous répondre, cette chère enfant, prenant enfin sa détermination, prononça le nom de maîtresse, mais, comme pour donner un dédommagement à son cœur, elle l'accompagna d'une affectueuse caresse et le fit précéder des épithètes les plus tendres que pût lui fournir le répertoire de sa mémoire : ma bonne, ma douce, ma bien-aimée, etc., Maîtresse.

Sa compagne oubliait quelquefois la recommandation. Marie lui dit un jour d'un ton grave : « Joséphine, notre Mère a dit qu'il ne fallait plus appeler maman notre chère maîtresse ; il faut obéir, quand notre Mère dit : « Faites
» telle chose ou ne la faites pas, c'est comme si le bon Dieu
» l'avait dit lui-même ; il faut faire, ma petite, la volonté de
» Dieu. »

A cette même époque, notre chère enfant, déjà souffrante, nous donna une nouvelle preuve de son bon cœur dont le souvenir sera ineffaçable dans le mien.

Sa Maîtresse fut très souffrante pendant un temps assez long et obligée de garder le lit. Marie s'en affecta vivement et, pensant que pendant la nuit elle pouvait avoir besoin de quelque chose, il fallut pour la tranquilliser qu'on lui permit de s'installer dans notre chambre d'infirmerie ; chaque soir elle apportait son matelas qu'elle étendait sur le plancher. On avait beau lui dire de dormir tranquille et sans préoccupations, que sa maîtresse l'appellerait s'il était nécessaire ; elle ne dormait, pour ainsi dire, que d'un œil et tenait l'autre ouvert pour veiller aux besoins que sa maîtresse pourrait avoir. Elle eût continué à passer ainsi ses nuits, si nous ne l'eussions obligée à retourner dans sa chambre.

Une affection pulmonaire, avons-nous dit, s'était déjà déclarée dans cette chère enfant. Une affection scrofuleuse ne tarda pas à se manifester encore. Un mal de doigt d'abord, puis une tumeur qui fut suivie d'autres tumeurs sur différentes parties du corps firent connaître la nature du mal. La tumeur du pied fut la plus tenace, les autres disparurent sous l'influence du traitement employé pour combattre ce genre d'humeur. M. notre Médecin jugea qu'on devait ouvrir l'abcès qui s'était formé au pied, et notre pauvre enfant, excesssivement sensible à la douleur, eut un acte pénible à faire en se soumettant à cette opération. Cependant, toujours guidée par la volonté de Dieu qu'elle envisageait en toute chose, elle obéit et ne témoigna ni ses répugnances ni ses appréhensions; mais la violence qu'elle eut à se faire pour leur imposer silence, quand le moment d'opérer fut venu, provoqua une crise nerveuse qui éclata aussitôt après l'opération; la plaie resta ouverte pendant plusieurs mois et se cicatrisa enfin. Alors elle put se servir de son pied; mais il resta toujours très-faible, ne pouvant soutenir une marche un peu prolongée; il lui était surtont pénible d'avoir à monter des escaliers.

Elle ne s'était pas encore alitée, lorsqu'un jour se trouvant auprès de nous dans une chambre de l'infirmerie, elle éprouva soudain quelque chose d'extraordinaire dans les yeux. C'étaient des battements, des éblouissements qui lui firent craindre de devenir aveugle. « O mon Dieu! s'écria-t-» elle douloureusement, vais-je devenir aveugle? » Cette privation de la faculté de voir se prolongeant un peu, notre douce et pieuse enfant leva ses regards vers le Ciel et dit avec un accent de piété bien touchant : « O mon Dieu! est-ce que » vous voulez que je fasse le sacrifice de mes yeux? Eh bien, » mon Dieu, que votre volonté soit faite! » ajouta-t-elle en baissant la tête comme signe de soumission. Un instant après elle nous dit, se tournant de notre côté : « Adieu, ma chère Maîtresse , adieu. » Pensant qu'elle s'effrayait sans raison et voulant détourner cette impression de frayeur, nous lui répondîmes : « Mais à quoi pensez-vous donc, Marie, vous » vous laissez aller à de vaines alarmes. » Elle répéta une troisième fois un adieu touchant du ton le plus tendre et le plus affectueux, ajoutant : « Vous ne voulez donc pas croire que je m'en vais?... » A ce moment une sensible altération se faisait remarquer dans les traits de son visage. Effrayée à notre tour, nous courûmes prendre de l'eau de Cologne pour lui en faire respirer : « Non pas cela, nous dit cette pieuse » enfant, donnez-moi ma Mère, ma bonne Mère. » Elle voulait parler d'une statuette de la Sainte-Vierge qui était dans la chambre ; elle la réclama avec une instance si touchante que force fut de la lui donner avant de faire usage de l'eau spiritueuse. Elle prit avec empressement cette effigie de notre auguste et divine Mère et la pressa contre son cœur en lui adressant des paroles tout imprégnées de la plus tendre piété. Puis baissant la tête avec un air d'humilité sincère, elle prononça lentement, du ton le plus pénétré, un acte de contrition. Ce moment d'angoisse dura peu ; mais une révolution s'était opérée dans son état physique. A dater de ce jour, elle souffrit des élancements dans l'œil droit, et les douleurs devinrent de plus en plus intenses, malgré tous les moyens employés pour détourner l'humeur de cet organe si délicat. Il se forma dans l'intérieur de l'œil des tubercules qui faisaient mal à voir. Que de douleurs endura notre pauvre enfant pendant que ces sortes d'abcès se produisaient, et, quand ils vinrent à percer, la vivacité de ces souffrances lui faisaient verser des larmes brûlantes et pousser des gémissements qui déchiraient le cœur. Oh ! que nous avions besoin de penser en voyant ainsi souffrir cette enfant bienaimée aux magnifiques récompenses réservées dans les cieux à l'âme qui souffre et se résigne.

L'action de la grâce dans cette enfant bénie progressait à

mesure qu'elle approchait du terme de sa courte carrière. Tendre fleur tombée prématurément, elle devait, avant de se détacher de sa tige, exhaler le parfum et montrer l'épanouissement de la fleur parfaitement éclose. Dès les commencements de sa maladie, Marie en avait compris toute la gravité et la perspective d'une existence languissante qui la rendrait incapable de servir la Communauté et la mettrait dans le cas d'être servie elle-même, présentait à cette nature délicate une rude épreuve qu'elle ressentit vivement. Une de nos Sœurs nous a raconté qu'elle lui dit un jour avec des larmes dans la voix : « Oh ! ma Sœur, que mon cœur souffre de l'impuissance où me réduit mon état; au lieu de servir la Communauté et de donner des soins à notre chère maîtresse, il faut que je la voie se fatiguer à me servir. » Pauvre petite ! nous l'assurions souvent cependant que c'était pour nous une consolation de lui dévouer nos soins.

Notre chère malade, dans le cours de sa maladie, se trouva plusieurs fois dans le cas de produire des actes héroïques de soumission à la volonté divine, se voyant menacée de perdre son second œil. Les mêmes symptômes qui s'étaient manifestés au début du mal qui lui en avait déjà enlevé un, se montrèrent sur celui qui lui restait ; parfois, elle y éprouvait des élancements et des éblouissements. Dire les angoisses qui passaient alors dans son âme, c'est chose impossible. Une sorte de désespoir la saisissait à la vue de ce nouveau calice; tout en elle frémissait; la nature était aux abois. Dieu, qui réservait à cette enfant privilégiée de rares faveurs, voulait sans doute l'y disposer par les mérites du plus redoutable sacrifice... Quelques alternatives de mieux lui laissaient entrevoir la possibilité de relever peut-être de cette maladie, ce qui lui faisait envisager la perspective de la cécité comme un malheur accablant; car son esprit réfléchi calculait toutes les suites qu'entraîne la perte de la vue.

Pour nous, nous sentions l'espoir que Dieu voudrait bien

lui épargner cette affliction et il nous semblait qu'il ne la lui montrait que pour lui offrir l'occasion de croître dans son amour par l'acceptation d'un sacrifice héroïque. Mais tout en cherchant à lui faire partager cette espérance nous l'invitâmes à se remettre avec une soumission sans réserve entre les mains de Dieu. Cet acte d'abandon lui demanda des efforts suprêmes que la bonté divine récompensa dès ici-bas par un avant-goût de la béatitude éternelle.

Notre malade ne s'alita entièrement qu'un mois avant sa mort; jusque-là elle se levait encore le jour, surtout pendant l'été; elle aimait à se trouver au grand air et passait au jardin une partie de ses journées quand le temps le permettait. Une phase assez prolongée d'un mieux marqué lui avait permis avant de s'aliter de se lever à peu près tous les matins pour assister à la sainte Messe; sa piété la portait à faire tous ses efforts pour participer aux fruits du divin sacrifice.

Le mieux que la belle saison lui avait procuré ne lui avait point fait d'illusion. Quand nos Sœurs qui venaient la voir lui parlaient d'espoir de guérison, elle faisait entendre par ses réponses qu'elle savait bien où elle en était.

Le jour qui fut le dernier où elle put encore se rendre au jardin, elle eut toutes les peines du monde à en revenir. Comme elle y passait plusieurs heures de suite quand nous l'y avions accompagnée, nous l'y laissions afin qu'elle fut plus libre d'y demeurer tout le temps qu'elle voudrait. La sève de la vie qui s'échappait goutte à goutte la laissait de plus en plus privée de vigueur et de chaleur, de sorte qu'elle aimait à ressentir celle du soleil et à s'exposer à ses rayons vivifiants.

Ce dernier jour fut marqué par les adieux touchants qu'elle fit à un oratoire de Notre-Dame du Rosaire que nous avons dans notre jardin. Prévoyant bien qu'elle ne pourrait plus y revenir, elle se traîna comme elle put vers la statue de l'auguste Vierge pour lui adresser là sa dernière prière. Voici comment elle nous raconta cette dernière visite : « Vers » l'heure du souper, je voulais revenir, mais ma faiblesse

» était si grande que je ne pouvais me soutenir sur mes jam-
» bes. J'ai fait de grands efforts pour aller jusque vers Notre-
» Dame du Rosaire et je lui ai demandé de me donner assez
» de force pour que je puisse retourner jusque dans notre
» chambre; et puis, je lui ai fait mes adieux en lui disant
» que je ne pourrais plus revenir là prier en ce lieu; après
» cela, je me suis mise en marche, comptant bien que j'au-
» rais la force d'arriver jusqu'ici, puisque je l'avais demandé
» à la Sainte-Vierge. Me voilà, mais c'est fini, je ne sortirai
» plus de cette chambre. » Le lendemain, une de nos Sœurs
venant la voir la trouva levée et assise dans un fauteuil; elle
se trouvait seule en ce moment. « Et bien, ma bonne Marie,
» lui dit-elle, vous êtes donc seule? — Oui, ma Sœur. —
» Est-ce que le temps ne vous dure pas un peu? — Oh! il
« ne peut me durer, parce que j'ai à m'occuper d'affaires im-
» portantes. — Et de quelles affaires donc? — De mon grand
» voyage dans l'Eternité; il me faut bien le peu de temps
» qui me reste à vivre pour m'y bien préparer. Mais, ajouta-
» t-elle aussitôt, ne répétez pas, je vous prie, à notre chère
» Maîtresse, ce que je vous dis là; elle se ferait du chagrin
» en voyant ma mort si prochaine. »

Quelques jours après, une circonstance particulière obli-
gea M. le Curé, dont nous avons parlé précédemment, d'en-
trer dans la maison. La chambre de Marie se trouvait très-
rapprochée du lieu où il avait à faire. Dès la veille, nous
l'avertîmes qu'elle pourrait avoir la consolation de voir ce
digne Pasteur pour lequel elle avait une juste vénération.
« Merci, ma chère Maîtresse, je ne sors plus d'ici; les choses
» de ce monde ne sont plus rien pour moi; au moment de
» tout quitter, je dois me détacher de tout. » Ces paroles nous
firent admirer la force des opérations de la grâce dans cette
enfant bénie; car son affection pour le vénérable Curé avait
tout l'enthousiasme de son âme ardente.

Le Seigneur non seulement la détachait de tout le créé;
mais encore il semait pour elle de fleurs les rivages de

l'Eternité. Elle soupirait avec ardeur après le moment où son âme dégagée des liens de sa captivité pourrait s'élancer dans le sein de celui qui avait jeté dans son cœur la vive flamme de son amour. Un jour que nous nous trouvions à quelques pas de son lit, elle nous appela près d'elle et nous dit : « Je vous appelle, ma chère Maîtresse, pour vous prier » de m'aider à remercier Dieu des grâces qu'il me fait. Je » vois la mort sans crainte; non, je n'ai aucune inquiétude; » je ne sens que joie et bonheur; vous comprenez bien » que c'est une grande grâce que le Bon Dieu me fait là. » Lorsque nos Sœurs allaient lui rendre visite, elles étaient étonnées et charmées à la fois des paroles pleines de piété et de sagesse qui tombaient de ses lèvres ; la grâce divine s'y faisait sentir; l'expression n'était pas exagérée; toutes nos Sœurs assurent avoir éprouvé ce sentiment, si visible était l'action de l'Esprit-Saint dans cette enfant de prédilection.

Un jour que cette bonne petite nous avait dit gracieusement et sur un ton de récréation, à propos de je ne sais quoi : « Je suis très-contente de vous, ma chère Maîtresse; » nous » lui répondîmes sur le même ton : « et moi, mon enfant, je » ne suis guère contente de vous : » elle se trouvait plus souffrante. Ces paroles faisaient allusion à son état. Comprenant aussitôt le sens de la réponse, elle répartit avec une grâce charmante : Eh ! pourquoi donc, n'êtes-vous pas contente, chère Maîtresse? Ne fais-je pas la volonté de Dieu? « Puis-je donc faire quelque chose de mieux que cette divine » volonté. » Qu'aurait pu répondre de plus sage la personne la plus éclairée dans les voies spirituelles?

Plusieurs fois nos Sœurs, étonnées des dispositions extraordinaires dans l'ordre de la grâce que montrait cette chère enfant, trahirent un peu en sa présence l'admiration qu'elles en avaient. Dans une de ces circonstances, notre chère Sœur assistante qui se trouvait présente chercha à sonder les pensées et les sentiments qui pouvaient en résulter dans l'âme de la jeune malade, et celle-ci de lui répondre avec une

grande naïveté : « Oh ! je sais bien que les dispositions où
» je suis sont des grâces que le Bon Dieu me fait ; comment
» pourrais-je en avoir de la vanité? Je n'ai au contraire
» qu'à m'humilier de ce qu'il est si bon pour moi qui en
» suis indigne. » Dans une autre occasion semblable, nous
lui témoignâmes aussi quelque crainte que la vanité ne se
glissât dans son cœur ; elle nous répondit avec une bonhomie touchante : « Soyez donc bien tranquille, ma chère Maî-
» tresse, je suis bien convaincue que je ne suis pour rien
» dans les dispositions consolantes où je me trouve. Tout ce
» que j'éprouve de douceur et de joie dans mon âme c'est
» l'œuvre du Bon Dieu qui fait cela, parce qu'il lui plaît. »
Et voulant nous donner une preuve qu'elle comprenait bien
d'où venaient ses heureuses dispositions, elle nous raconta
ce qui suit : « Quand vous étiez absente une nuit, je me
» suis trouvée tout à coup bien malade ; je ne savais ce que
» j'avais, mais j'avais mal au cœur ; il me semblait que j'al-
» lais mourir ; j'étais toute tournée. Oh ! mon Dieu ! quelle
» crainte, quel tourment me causait l'idée de mourir, voyez-
» vous, je ne pouvais m'y résoudre ! Si la Sainte-Vierge,
» que j'appelais alors à mon secours, ne m'était pas venue
» en aide, je ne sais ce que je serais devenue. Vous voyez
» bien qu'il m'est facile de comprendre que la joie, la paix,
» le bonheur que j'éprouve à présent me viennent du Bon
» Dieu. »

Attentive aux occasions de pratiquer la vertu, notre chère
Marie évitait de montrer ses répugnances, et quelle que fût
sa faiblesses et ses souffrances, elle s'efforçait de bien accueillir les Sœurs qui venaient la visiter.

Quelquefois lui présentant des aliments, nous lui disions :
« Trouvez-vous cela à votre goût? Oui, ma chère Maî-
» tresse, répondait-elle, » et elle témoignait sa reconnaissance des attentions qu'on avait pour elle. D'autres fois,
elle disait : « Non, je n'aime pas cela ; mais je le mangerai
» tout de même pour pratiquer la mortification. »

Après avoir passé un temps assez considérable au lit, elle s'écorcha. On nous conseilla, comme un grand soulagement, de placer sous son lit un grand plat rempli d'eau, et en effet elle nous dit en éprouver un adoucissement sensible. Un jour qu'après avoir retiré le plat pour en renouveler l'eau, on se disposait à le replacer sous son lit, elle nous dit : « Ma » chère Maîtresse, veuillez ne pas le remettre. » Et pourquoi donc ? — « parce qu'il faut bien souffrir ce peu de mal que le Bon Dieu m'envoie pour expier mes péchés. »

Une de nos Sœurs allant la visiter un jour, sur le soir, la trouva épuisée, absolument à bout de forces ; elle avait eu pendant toute la journée de nombreuses visites et toujours elle s'était efforcée de montrer un air affable et gracieux à toutes les visiteuses. Elle ne trouva plus de voix pour adresser quelques paroles à cette dernière Sœur qui arrivait près d'elle. Ayant entendu la malade parler à la Sœur qui venait de se retirer, elle dit à Marie : « Mais vous ne me dites rien, » Marie, vous me répondez par signes ; qu'est-ce que cela » veut dire ? » Avec un grand effort, elle lui répondit : « Excusez-moi, je vous prie, pour bien accueillir encore » ma Sœur M. C. (c'était une Sœur converse) j'ai donné » tout ce qui me restait de force, je ne puis plus rien dire » absolument. »

Notre bonne Mère faisait tous les jours une visite au moins à notre chère malade et se retirait toujours édifiée d'auprès d'elle. Si, en causant avec elle notre Mère avait exprimé quelque désir relativement à ce qui concernait la malade, ou dit quelques paroles qui lui paraissaient être une recommandation, elle s'appliquait avec une attention remarquable à s'y conformer en esprit d'obéissance.

Notre très-honorée Mère lui faisant sa visite accoutumée la veille du jour où elle devait aller en retraite se recommanda aux prières de Marie et lui dit : « De bien demander à Dieu pour elle de ne suivre en toute chose que l'impulsion de son esprit divin et jamais le sien propre. Cette recommandation ne fut pas très-bien comprise par la malade, elle nous en demanda l'explication : « Je voudrais bien savoir » au juste, nous dit-elle, ce que notre Mère veut que je » demande au Bon Dieu pour elle : je n'ai pas compris ce » que c'est qu'elle veut du Bon Dieu. »

Et lorsque nous lui dîmes qu'il n'était pas nécessaire qu'elle sût s'en rendre compte et qu'il suffisait qu'elle priât selon les intentions de notre Mère. — Eh bien! à la bonne heure, puisque ça suffit!

Non-seulement notre très-honorée Mère, mais encore nos Sœurs et des personnes séculières, recommandaient souvent aux prières de cette chère enfant les choses qui les intéressaient, tant sa piété inspirait de confiance. Avec son ton si doux et un accent où respirait le sentiment de la reconnaissance, heureuse de pouvoir user de quelque retour, elle accueillait toutes les demandes qui lui étaient faites fréquemment; il arrivait qu'en lui demandant ses prières, on lui faisait connaître les choses qu'on désirait obtenir, et elle promettait de les solliciter. Mais ces demandes de prières, dans un but spécifié, se multipliant de plus en plus, notre bonne enfant nous dit dans sa naïveté : « Je crois que je ne » dois plus répondre que je prierai suivant les intentions » qu'on me désigne, car vraiment ma mémoire ne peut » suffire à me les rappeler et j'en oublie quelques-unes. » Son cœur fut soulagé en apprenant que l'insuffisance de sa mémoire pour se souvenir distinctement des choses qui étaient recommandées à ses prières n'était point un obstacle à ce que Dieu daignât s'y rendre favorable.

M. notre Supérieur vint un jour la visiter et lui suggéra une élévation de cœur vers Dieu. La pieuse enfant laissa celles qu'elle avait faites les jours précédents et nous pria de lui rappeler l'aspiration que lui avait dite M. le Supérieur. Elle croyait devoir, par esprit d'obéissance, la préférer à celles dont elle avait l'habitude.

En parlant de son esprit de foi, nous nous rappelons un

trait qui montre son attention à profiter des occasions où elle avait à souffrir quelque chose dans son amour-propre ou dans sa sensibilité naturelle. Il lui arriva plusieurs fois, soit au dedans soit au dehors du Monastère, de s'apercevoir que sa couleur noire faisait une impression peu agréable sur certaines personnes, excitait même quelquefois une sorte de répulsion. Cette remarque ne pouvait échapper à son esprit d'observation, et voici ce qu'elle nous raconta à ce sujet : « Des paysans qui passaient près de moi se sont mis » à crier en me voyant : Oh ! qu'elle est *nère ! elle est donc* » *tindue !* Je me suis sentie humiliée de leur exclamation ; » mais j'ai dit dans mon cœur au Bon Dieu : c'est vous qui » avez voulu que je sois noire ; j'accepte par amour pour » vous ces paroles qui m'ennuient et me contrarient. »

Une autre fois, elle nous dit : « Maintenant, je bénis le » Bon Dieu d'être noire ; j'ai vu en plusieurs occasions les » dangers où l'on est d'offenser le Bon Dieu quand on a des » agréments extérieurs, et j'aime bien mieux que mon âme » ait la beauté de l'innocence et de la vertu que d'avoir la » beauté du visage. »

La bonté de son cœur, le vif sentiment de la reconnaissance, bien des fois depuis son entrée parmi nous, s'étaient manifestés par des traits touchants ; en voici un que nous ne pouvons passer sous silence. Un soir qu'une prostration totale de forces nous retenait levée bien au-delà de l'heure ordinaire, Marie, alors au dernier période de sa maladie, s'inquiétait de nous voir encore levée et nous pressait de nous mettre au lit ; nous lui répondîmes que les forces pour cela nous manquaient absolument ; elle soupira ; puis, prenant un élan que son cœur seul pouvait lui donner, elle se leva et vint à nous pour nous aider. En la voyant debout, il nous semblait rêver. Déjà, depuis longtemps entièrement alitée, il fallait qu'on transportât à bras cette pauvre enfant sur un autre lit quand on devait faire le sien. Mais son bon cœur lui avait donné des forces.

Eh! qu'il était beau le spectacle que nous offrait notre pieuse enfant chaque fois qu'elle se croyait arrivée au moment suprême : ce n'était alors qu'élans enflammés. Son cœur débordait de joie et de bonheur à la pensée que son âme allait s'élancer dans le sein de Dieu. Une fois entre autres nous la vîmes spontanément se mettre sur son séant, les mains jointes, le regard brillant, le visage radieux; elle tenait les yeux fixés sur une petite statue de la Sainte-Vierge qui se trouvait en face de son lit, et proférait des paroles toutes brûlantes d'amour. « O! mon bien-aimé! disait-elle, » je vais donc à vous! quel bonheur! Marie, ma bonne » Mère, vous venez me chercher, oh! que je suis heureuse! » Oui, mon Dieu, je vais à vous! Que depuis longtemps » mon âme vous désire, etc., etc.. » Pendant un quart d'heure environ, elle ne cessa d'épancher en vives effusions d'amour les sentiments qui remplissaient son cœur. Notre très-honorée Sœur déposée, qui se trouvait près du lit de la malade en ce moment, crut qu'elle avait quelque vision céleste. En effet, elle parlait à la Sainte-Vierge comme si elle se fût rendue visible à elle, et ses yeux brillant d'un éclat surnaturel, demeuraient constamment fixés vers le même point. On lui demanda si elle voyait la Sainte-Vierge; elle ne répondit pas, et peut-être la demande ne fut-elle pas entendue par la jeune malade tant elle paraissait hors d'elle-même et dans un état de suspension des sens. Ceci arriva environ trois semaines avant sa mort.

Notre chère enfant conserva la plénitude de ses facultés jusqu'à la dernière minute de son existence; il semblait même que son corps, en s'affaiblissant de plus en plus, laissait à son esprit une plus parfaite liberté.

Elle désira laisser à plusieurs personnes qui lui avaient montré une affection particulière un témoignage de sa reconnaissance. Avec l'autorisation de notre très-honorée Mère, nous lui servîmes de *notaire et d'exécutrice testamentaire*. Mais combien notre cœur se serrait pendant que nous prenions

note de ses petites dispositions. Elle sut très-bien comprendre dans le choix des objets ce qui pouvait mieux convenir
à chacune des personnes désignées : « Mes sabots, nous dit-
elle, feraient, je crois, plaisir à M., je vous prie de les lui
donner. Mon plus joli chapelet sera pour F. M. C. Je laisse
pour souvenir à Joséphine (sa compagne) ma petite statue
de la Sainte-Vierge, et à vous, ma chère maîtresse, ma petite image noire de Notre-Dame de la délivrance » ; elle
l'affectionnait tout particulièrement, parce que la Sainte-
Vierge y est représentée noire. Gardez-la, je vous en prie,
et ne la donnez jamais.

Le calme et la paix que Dieu avait répandus dans son âme
ne l'abandonnèrent plus. Ses aspirations devenaient de plus en
plus fréquentes à mesure qu'elle approchait du terme; ses sentiments de reconnaissance envers Dieu plus vifs et plus
ardents; sa gratitude pour les soins qu'on lui donnait, toujours plus expressive. A chaque service qu'elle recevait, elle
se faisait un devoir de répondre par un remercîment. Il
fallut que l'obéissance intervînt pour la décider à s'abstenir
de cette trop fréquente répétition qui devenait pour elle fati-
gante.

Peu de jours avant celui qui fut le dernier, notre chère
enfant eut une nouvelle crise qui lui fit croire qu'elle tou-
chait au moment suprême. Elle réclama avec empressement
la présence de notre bonne Mère. Arrivée près de la chère
malade, elle la trouva dans les tressaillements de la joie la
plus vive, dans tous les transports d'un bonheur ineffable.
« Calmez-vous, Marie, » lui dit notre bonne Mère qui craignait qu'elle n'achevât d'épuiser ses forces par la véhémence
de ses émotions et de ses aspirations vers les biens de l'Éternité, « calmez-vous, mon enfant, le moment du départ
» n'est pas encore arrivé. » La douce et obéissante enfant
posa sur son lit ses mains, que dans ses mouvements ani-
més, elle tenait jointes et élevées, et rentra dans le calme
extérieur qui lui était demandé. Dans cette occasion, une

de nos Sœurs lui dit : « Marie, vous parlez à la Sainte-Vierge
» comme si vous la voyiez. Est-ce qu'elle se montre à vous?
» Non, répondit-elle; mais, si je ne la vois pas, je sens sa
» présence. » Elle prononça ces mots avec un accent qui ne
peut se rendre.

Le jour même où avait eu lieu cette crise, une de nos
» Sœurs venant la voir lui dit : « Eh bien, Marie! vous avez
» cru partir pour le Ciel aujourd'hui, mais je suis bien con-
» tente de vous retrouver encore là. — Eh! non, ma Sœur,
» pas aujourd'hui encore, mais ce sera pour vendredi; je
» ne suis pas assez lavée de mes fautes. » — Et comment
est-ce qu'elles sont lavées! — C'est la Sainte-Vierge qui les
lave avec les souffrances de Notre-Seigneur et les petites
miennes.

Marie avait une tendre dévotion au divin Cœur de Jésus,
ce qui lui donnait un grand désir de mourir un premier
vendredi du mois. On était alors vers la fin d'août; elle for-
mait des vœux pour que le premier vendredi de septembre
fût le jour qui brisât les liens qui retenaient encore ici-bas
son âme captive. Elle s'informa plusieurs fois près d'une de
nos Sœurs qu'elle croyait se bien connaître en fait de malades, combien de jours elle pouvait vivre encore. Cette
Sœur lui dit : « Je pense que vous pourrez encore voir la
» fête de la Nativité de la Sainte-Vierge. » Cette bonne enfant, qui aspirait toujours à mourir le premier vendredi,
nous dit ensuite avec un accent dont le souvenir nous atten-
drit encore jusqu'aux larmes : « Croyez-vous bien, chère
» Maîtresse, que je puisse vivre jusqu'au jour que la Sainte-
» Vierge *naissera*. Si je ne meurs pas le premier vendredi,
» j'aimerais bien que ce fût ce jour là. » Elle ne mourut
pas le premier vendredi, mais la veille. Le Seigneur, qui
avait jeté sur cette enfant les yeux de sa miséricorde, se
plaisait à faire éclater en elle la vie surnaturelle en l'enri-
chissant de plus en plus de ses faveurs. L'atmosphère qui
l'entourait semblait tout imprégné de foi et d'amour. Nous

pouvons dire sans exagération que la chambre de l'infirmerie qu'elle habitait était devenue pour toute la Communauté
comme un sanctuaire dans lequel on respirait quelque chose
du Ciel. On sentait un foyer de grâces et d'amour divin dans
cette âme si bonne et si pure. Aussi les gardes de nuit ne
lui firent pas défaut. Toutes celles de nos Sœurs qui pouvaient avoir la force de veiller ambitionnaient le bonheur de
recueillir le parfum d'édification qui s'exhalait autour de la
jeune malade. Une de nos Sœurs converses nous disait encore il y a quelques jours : « Oh! que j'ai regretté de n'avoir
« pu veiller qu'une fois cette chère petite Marie ; je ne puis
» dire de quels sentiments je me trouvais pénétrée en en
« tendant les aspirations qu'elle faisait sans cesse avec un
» accent de piété qui allait au cœur comme un trait de feu. »

Depuis que notre chère malade s'était entièrement alitée,
M. notre Confesseur lui apportait la sainte Eucharistie
quand il venait communier les autres malades. Jusque là,
elle avait fait tous les efforts possibles pour assister au saint
Sacrifice de la Messe, même les jours sur semaine. Sa conscience droite, exempte de scrupules, lui faisait parfaitement
comprendre quand son état pouvait lui permettre cette
assistance, et quand il ne la lui permettait pas. Aussi nous
nous en rapportions en toute sécurité à sa conscience. Pendant les dernières semaines de sa vie, elle nous dit plusieurs
fois : « Il serait bon que dans l'état où je suis je visse de
temps en temps mon confesseur; » ce n'est pas que son
âme fût inquiète ni troublée, mais approchant des rivages
de l'Eternité, il lui semblait convenable de s'y acheminer
sous la conduite du Ministre de Jésus-Christ.

Elle reçut deux fois le Saint-Viatique, qui fut accompagné
la seconde fois du sacrement de l'Extrême-Onction qu'on lui
administra sur ses demandes réitérées. La déchirante toux,
qui existait depuis le commencement de la maladie et dont
les accès devenaient de plus en plus fréquents, était accompagnée alors d'une abondante expectoration. Assez peu de

temps après avoir reçu la sainte Hostie, elle fut obligée de cracher; inquiète, nous lui dîmes, vous n'avez pu sans doute vous empêcher plus longtemps de cracher. Chère Maîtresse, nous répondit-elle, avec son ton calme et grave : « Ne vous » inquiétez pas, j'ai agi *prudent;* les espèces étaient bien » consommées. »

Le mercredi soir, veille de sa mort, M. notre Confesseur, après avoir confessé la Communauté, vint visiter notre chère malade, ne se doutant pas, ni nous non plus, qu'elle n'eut que la nuit suivante à passer. Toutefois, une action divine extraordinaire se manifesta dans son âme pendant cette visite. M. Morand ne se fut pas plus tôt assis auprès d'elle que, prenant la parole avec une assurance qui contrastait avec sa timidité naturelle, elle se mit à exalter les divines miséricordes du Seigneur à son égard. Sa parole était accentuée, son ton solennel, son visage enflammé; un doux sourire glissait sur ses lèvres mourantes. « Mon Père, lui dit-elle, je vous remercie de tout mon cœur des soins que vous avez donnés à mon âme; vous lui avez fait beaucoup de bien; recevez-en toute ma reconnaissance. » « Eh bien, mon enfant, lui dit M. Morand, si vous croyez me devoir de la reconnaissance, je vous demande de bien prier le Bon Dieu pour moi. » « Oh! oui, mon Père, je prierai bien; je demanderai au Bon Dieu de vous donner une foi toujours plus vive dans vos prédications, un zèle toujours plus ardent pour le salut des âmes. Ah! mon Père, qu'il faut avoir de confiance en Dieu! qu'il est bon! Remerciez-le, je vous prie, des grâces qu'il me fait; je n'ai aucune inquiétude; la mort ne me cause point de frayeur. Eh! pourquoi craindrais-je un Dieu si bon, un si tendre Père? Me voyant au moment d'aller à lui, je ne sens que joie et bonheur. Oh! que je suis heureuse! » Puis elle ajouta : « comment pourrais-je craindre un Dieu qui a été si bon pour moi, qui est allé me chercher en Afrique pour me conduire ici dans sa sainte Maison? » Puis, comme voulant faire entendre que, même dans son pays où Dieu

n'est pas connu, il s'était fait sentir à son cœur et qu'elle l'avait cherché sans le connaître, elle raconta ce qu'elle avait éprouvé. « Quand je voyais, dit-elle, tous ces grands et
» beaux arbres de notre pays, quand je voyais voler les
» oiseaux et que j'entendais leur ramage, quand je regar-
» dais le firmament et tout ce qui m'entourait, je me deman-
» dais : qui a fait tout cela; ces choses n'ont pu se faire
» elles-mêmes? Eh bien ! ce Dieu que je cherchais, que
» je désirais connaître, il s'est révélé à moi, il m'a amené
» dans cette sainte Maison; il m'a comblé de ses grâces;
» comment pourrais-je le craindre? C'est mon Père, mon
» tendre Père; oui, je l'aime; j'espère en son amour et
» ne peux le craindre. » Témoin auriculaire de ces douces et consolantes paroles, nous en étions touchée, pénétrée jusqu'au fond de l'âme, et nos larmes coulaient silencieuses.

Lorsque M. l'Aumônier se fut retiré, plusieurs de nos Sœurs instruites de ce qui s'était passé s'empressèrent de venir voir cette pieuse et intéressante malade. Marie dit à notre chère Sœur assistante : « Peut-être que M. Morand a
» cru que j'étais dans le délire; mais non, vraiment je ne
» délirais pas; j'ai suivi le mouvement que Dieu m'a donné;
» il a voulu que je dise toutes ces choses. »

La nuit suivante qui fut, hélas! la dernière pour elle, la chère enfant, qui sentait que sa fin approchait, rendait incessantes ses aspirations, qu'elle prononçait à haute voix avec un accent de piété impossible à rendre. Que de fois pendant cette dernière nuit elle répéta : *« Jésus, Marie, Joseph,*
» *je vous donne mon cœur, mon esprit et ma vie et le reste.* » Elle demanda à la Sœur qui la veillait de lui donner une telle boisson, et celle-ci lui répondit : « Votre Maîtresse m'a
» dit de vous donner telle et tellechose. » « Et bien, répartit la douce enfant, il faut bien faire comme notre chère Maîtresse a dit. »

Vers le matin, la sœur qui la gardait se retira et Marie nous demanda si nous pensions nous lever bientôt. Elle sentait probablement l'approche du moment suprême et elle eût désiré nous voir près d'elle. Regardant le lit de sa compagne, placé près du sien et non occupé depuis quelques jours, elle dit en se parlant à elle-même : « On pourra me » mettre là. » Puis sa vue se troubla ; elle nous dit avec émotion : « Je n'y vois plus ; priez avec moi la Sainte-Vierge, » afin que je puisse voir M. Morand et notre Mère, en leur » faisant mes adieux. » Elle récita tout haut, très-distinctement la prière *Memorare* en français, à cette intention. Sa parole bien nette, son entière présence d'esprit nous faisaient illusion. Un instant plus tard, elle ajouta : « Mon Dieu, je n'entends » plus ; vierge sainte qui m'avez toujours été si favorable, obte- » nez-moi de voir et d'entendre notre Mère et M. Morand. » Mon enfant, lui dîmes-nous, le Bon Dieu veut peut-être que vous fassiez ce sacrifice ; vous l'acceptez bien, n'est-ce pas ? — Oui, si le Bon Dieu le veut, je le ferai volontiers. Ce furent ses dernières paroles. Sa tête retomba sur son oreiller ; elle ouvrit de grands yeux, comme une personne qui subit une strangulation. A cet aspect, nous tombâmes à genoux, poussant un cri de douleur qui s'adressait au cœur de Jésus, dont l'image était suspendue au-dessus du lit de la mourante. La chère enfant avait rendu sa belle âme à Dieu.

Lorsque les signes précurseurs de la mort s'étaient manifestés, nous avions très-vivement tiré la sonnette de l'infirmerie ; notre bonne Mère était accourue ; elle ne put arriver qu'après son dernier soupir.

Peu d'instants après sa mort, une sérénité céleste se répandit sur tous ses traits. Son visage semblait s'irradier des béatitudes de la gloire ; tous les regards étaient frappés de cette expression de joie et de bonheur dont rayonnaient son front et ses lèvres souriantes.

Son corps put être exposé au chœur pendant qu'on célébrait la messe du premier vendredi du mois. Les associées de l'adoration perpétuelle du divin Cœur assistaient à cette messe, et M. Morand profita de l'occasion pour faire connaître ce dont il avait été témoin dans les derniers moments de cette enfant privilégiée. Il rapporta textuellement, autant que possible, les paroles qu'elle lui avait fait entendre et en fit le sujet d'une touchante instruction.

Notre très-honorée Mère fit demander à notre digne Prélat l'autorisation de faire dans cette circonstance tout ce que nous pratiquons pour nos Sœurs défuntes, et, sur une réponse affirmative bien gracieusement donnée, son corps fut exposé au chœur, entouré de fleurs. Nous la revêtimes de sa robe de baptême et de première communion. La même couronne de roses blanches fut déposée sur son front, le même voile sur sa tête.

Les Religieuses de Saint-Joseph et celles de la Charité, ainsi que nos pensionnaires qui se trouvaient à Bourg, formaient son cortége funèbre; plusieurs anciennes élèves et quelques personnes amies de la Maison voulurent bien aussi en faire partie et l'accompagnèrent jusqu'au cimetière de la ville où elle a été inhumée.

Une ancienne élève qui demeure dans le Monastère et qui est pour nous une amie dévouée, une bienfaitrice, nous donna la consolation de faire placer sur la tombe de notre chère défunte une croix sur laquelle est appliquée une plaque de cuivre en forme de cœur; nous y avons fait graver à la suite de l'inscription ordinaire ces vraies et simples paroles :

Ses douces et pures vertus l'ont fait chérir de Dieu et des hommes ; elle a laissé dans tous les cœurs, regrets sincères et tendre affection.

Une autre personne attachée à la Communauté et toujours empressée à nous obliger nous a donné une autre consolation, celle de couvrir la tombe de cette chère enfant d'un jardin aux fleurs symboliques qu'elle entretient avec le soin et la tendresse d'une Mère.

Puisse cette petite notice être agréable aux personnes qui nous ont témoigné un vif empressement de voir recueillir les souvenirs que nous a laissés cette pieuse enfant à laquelle elles ont accordé un intérêt si tendre et tant de sympathies! Puisse le parfum de ses douces vertus édifier les âmes et les porter à louer et à bénir la bonté du Seigneur, qui a fait éclater dans cette enfant les richesses de sa grâce!

D. S. B.